Jean de B

Le No

BABAR

HACHETTE
Jeunesse

Noël approche.
Zéphir, Flore,
Alexandre,
Pom et Arthur
attendent

que le Père Noël
réponde
à leur lettre,
et rêvent
à leurs cadeaux.

Mais le Père Noël ne répond pas. Les enfants sont tristes. Alors Babar leur dit :
«Je vais aller chercher le Père Noël pour vous.»

Sa décision prise, Babar fait ses bagages,
aidé par la reine Céleste.

Après
un long voyage,
les skis aux pieds et
le sac lourdement
chargé, Babar
rencontre
un petit chien
qui lui dit :

«J'ai un excellent flair. Je vais vous aider à retrouver le Père Noël.»

Babar monte vers la forêt.
Soudain, le petit chien lève la queue. Il doit avoir reconnu l'odeur du Père Noël.

Mais une tempête d'une violence extraordinaire se déchaîne. On ne voit plus rien.

Babar décide de s'abriter en creusant un trou dans la neige. Brusquement, il disparaît avec le petit chien.
Où sont-ils tombés ?

Dans la caverne du Père Noël, en passant
sans le vouloir par une cheminée d'aération !
Remis de ses émotions, Babar explique au Père Noël
que les éléphants l'attendent impatiemment.

Mais le Père Noël a déjà trop de travail avec les jouets des petits des hommes. Alors il donne à Babar un vrai costume de Père Noël fait à sa taille, un costume magique...

La nuit de Noël, Babar fait comme le Père Noël lui a dit. Il met le costume et la barbe, puis il s'aperçoit qu'il devient si léger qu'il commence à voler.

«C'est vraiment extraordinaire, et bien pratique pour distribuer tous ces jouets !», pense-t-il une fois rentré au pays des éléphants.

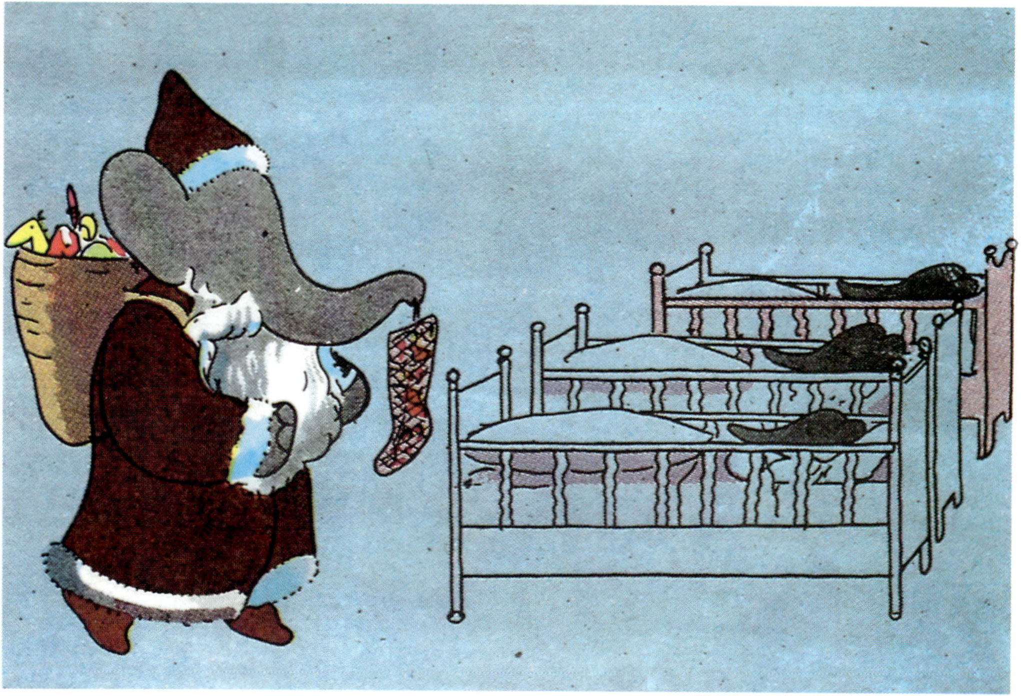

Le lendemain, jour de Noël,
après avoir ouvert leurs cadeaux,
Pom, Flore, et Alexandre,

réunis autour d'un beau sapin
tout brillant de lumières
s'exclament :
«Quel beau Noël !»

Imprimé et broché en France par I.M.E. - Baume-les-Dames
Dépôt légal n° 3094 - Janvier 1999
22.23.2907.06/8 - ISBN 2.01.020442.5
Loi n° 49-956 du 16 juillet 1949
sur les publications destinées à la jeunesse - Dépôt 01.99